QUELQUES PAROLES

D'UN

PROSCRIT

PAR

A. HUBER,

Détenu politique sous la royauté
proscrit sous la république.

> Le malheur de l'homme est un outrage à la divinité. § I.
> La première condition du bonheur de l'homme, c'est le bonheur de son semblable. § V.
> Ce que vous faites à autrui vous le faites à vous-mêmes. § VII.

PRIX 25 CENT.

PARIS,
CHEZ ROUANET, LIBRAIRE,
20, RUE J.-J. ROUSSEAU.

1848

QUELQUES PAROLES

D'UN PROSCRIT.

Imprimerie de Ed. Bautruche, rue de la Harpe, 90.

QUELQUES PAROLES

D'UN

PROSCRIT

PAR

A. HUBER,

DÉTENU POLITIQUE SOUS LA ROYAUTÉ
PROSCRIT SOUS LA RÉPUBLIQUE.

> Le malheur de l'homme est un outrage à la divinité. § I.
> La première condition du bonheur de l'homme, c'est le bonheur de son semblable. § V.
> Ce que vous faites à autrui vous le faites à vous-mêmes. § VII.

PARIS,
CHEZ ROUANET, LIBRAIRE,
20, RUE J.-J. ROUSSEAU.

1848

AU CITOYEN ARMAND BARBÈS,

DÉTENU AU DONJON DE VINCENNES.

A toi, mon cher et brave Armand, à toi l'hommage de cette petite brochure !

Puisse-t-elle suffisamment répondre aux exigences naturelles, aux aspirations généreuses de ta grande âme ! Puisse-t-elle surtout contribuer à rendre plus douce ton existence de captif ! C'est le premier, c'est le plus vif désir de mon cœur.

Je te parle de la France, de ses malheurs, de ses déceptions, mais aussi de ses espérances.

Je te parle de notre sainte doctrine d'égalité démocratique et de fraternité universelle, pour laquelle tu as combattu avec tant de courage et souffert avec tant de résignation.

Je te parle du socialisme surtout, du progrès qu'il a réalisé, du progrès qu'il doit accomplir encore, jusqu'à ce que, selon tes vœux, tous les cœurs s'unissent dans un même sentiment, tous les efforts dans un même but, tous les intérêts dans un même intérêt.

Mais là se borne cet écrit, je ne te dirai rien des événements qui se sont accomplis depuis ta détention, sauf à t'en parler plus tard ; je ne veux pas en ce moment t'attrister par un récit de faits si douloureux pour tous les sincères démocrates. Heureux es-tu de n'avoir pas vu de près ces affreux événements ! Ton excellent cœur se serait brisé en voyant la République, que nous avions rêvée si belle et si pure, livrée aux proscriptions et aux souillures royalistes.

Je ne me décourage pas toutefois : le vent de la tempête politique peut dans sa fureur emporter nos personnes, mais les vérités sociales que nous semons en route resteront pour germer dans le cœur des masses. On n'étouffe pas la pensée dans un cachot, on ne la tue pas à coups de canon. Malgré le fer, malgré la persécution, le principe de fraternité sociale triomphera dans les esprits, pour ensuite s'introduire pacifiquement dans la législation des peuples; c'est la loi de Dieu, c'est le vœu de l'humanité.

Notre mission, ainsi que tu l'as dit tant de fois, est

donc avant tout une mission d'apostolat. C'est dans le champ des idées que se décidera la victoire définitive de la démocratie sur le royalisme; c'est dans la force de l'opinion, c'est dans la puissance de la vérité que nous puiserons notre propre force, et quoi qu'on fasse, la sauvagerie africaine répugnera toujours au sentiment national. La France, cette belle France que tu aimes tant, restera l'avant-garde de la civilisation, et à mesure qu'elle fera un pas dans la voie du progrès, l'Europe suivra ses traces : tu as entendu hier l'écho du canon de Vienne. Demain, tu entendras celui de Berlin.

Adieu, mon cher et brave Armand! Malgré la distance qui nous sépare, mon cœur est et sera toujours avec le tien! En attendant des jours meilleurs, reçois, je te prie, une chaleureuse et fraternelle embrassade de ton vieux camarade d'infortune.

Vive la République démocratique et sociale!

A. HUBER.

Ce 20 octobre 1848.

QUELQUES PAROLES

D'UN PROSCRIT.

―――

I.

Où sommes-nous? où allons-nous? Pauvres voyageurs, accablés sous le fardeau de nos misères séculaires, trébuchant à chaque pas, nous meurtrissant toujours, sommes-nous bien dans notre route? et pourrons-nous enfin guérir nos plaies? Quelle direction devons-nous suivre? quel but nous est-il donné d'atteindre, et où est la lumière qui nous éclairera en chemin? Faut-il avancer? faut-il reculer? Hélas! hélas! à l'aspect des maux qui affligent le monde, qui songerait à rester en place? Le présent nous fait horreur et la résignation n'est plus possible. Ici on regrette le passé, là on appelle l'avenir; tantôt des déceptions, tantôt des espérances, mais toujours des ténèbres. Nulle part encore une étoile qui brille! nulle part une voix qui console! En vain, jusqu'à ce jour, en vain a-t-on prêché la vertu, invoqué la fraternité et cherché le bonheur. Partout où l'on porte ses regards, on voit du sang, on voit des larmes, et comme si la terre était maudite, comme si Dieu s'était retiré de nous, les sociétés humaines ne sont encore qu'un composé d'oppresseurs et d'opprimés, de meurtriers et de victimes.

Fatal aveuglement des hommes! est-ce donc là notre destinée ? Quoi, toujours le sacrifice, jamais la miséricorde ! toujours des désirs, jamais de satisfaction ! Quoi, nous n'aurions le sentiment du bien que pour faire le mal ! nous ne serions nés sociables que pour nous entre-détruire ! nous n'aurions le cœur pour aimer, l'intelligence pour connaître, la conscience pour croire, des bras pour travailler, qu'à la condition de rester perpétuellement en proie à l'ignorance, à la haine, au doute et à la misère ! Est-ce possible ? Dieu se serait-il trompé ? faut-il prier ? faut-il maudire ?

Non, et il est temps qu'on s'arrête : c'est assez de malédictions, c'est assez de blasphêmes ! Le mal ne vient pas de Dieu, il ne vient pas des principes de notre nature, il vient du législateur humain qui, méconnaissant Dieu, a fait de la loi d'amour qui doit nous régir ici-bas, une loi de haine ; d'une destinée de bonheur, une perpétuelle souffrance, et d'une société de frères, une société d'ennemis.

Qui ne voit en effet qu'une loi a été violée, un principe méconnu, et que depuis des siècles l'humanité, égarée dans une voie qui n'est pas la sienne, a fait une chute et s'est, en tombant, cruellement meurtrie. Consultez l'histoire : dans chaque page il y a un meurtre, chaque feuillet exhale une odeur de sang, et, à travers le temps, la voix des nations n'est qu'un long cri de douleur. Voyez les générations modernes. Il y a de la honte sur tous les fronts, de la tristesse dans tous les regards, du remords dans tous les cœurs. L'enfant qui naît, comme le vieillard qui s'éteint, pousse un gémissement, et le genre humain, semblable au Juif-Errant, sans voir le terme de ses maux, courbe tristement la tête, comme écrasé sous le poids d'une éternelle malédiction.

Législateurs des nations, vous vous êtes trompés, vos sociétés ont pour base une constitution vicieuse. Tandis qu'aux uns vous accordez tous les droits, vous imposez aux autres tous les devoirs, et ce n'est pas un code fratricide qui puisse engendrer dans la société des relations pacifiques et fraternelles ; le bien ne naît pas du mal, la vie ne vient pas de la mort. Le malheur s'est introduit dans le monde par l'iniquité, il n'en sortira que par la justice, et votre code n'est pas le code de l'équité, vos lois sont des lois pharisiennes. Si nous souffrons, sachez-le, si nous sommes malheureux, c'est que vous avez été injustes et coupables ; injustes envers l'humanité, coupables envers Dieu, qui nous a créés pour le bonheur, par cela même qu'il a fait de la fraternité une loi et de la vertu un devoir. Oui, je vous le dis, malgré votre pessimisme, le malheur de l'homme est un outrage à la divinité.

Si d'ailleurs nous étions naturellement destinés à toujours souffrir, pourquoi ne nous résignerions-nous pas à la souffrance?

Si nous étions nés pour l'iniquité, pourquoi en aurions-nous horreur ? Pourquoi aimerions-nous la justice ?

Si nous étions par nature diposés à haïr ? Pourquoi la haine serait-elle un mal, et pourquoi l'amour un bien ?

Y a-t-il au surplus un plus grand mal que la haine ? Et y a-t-il un plus grand bien que l'amour ?

Oh ! qu'ils sont heureux ceux qui aiment encore ! Qu'ils doivent souffrir ceux qui n'aiment plus ! Salut et bénétion aux premiers ; miséricorde et délivrance pour les seconds. Car ceux-là, vrais éclaireurs de l'humanité, appartiennent au temps qui commence. Car ceux-ci, profanateurs des choses saintes, sont la proie du temps qui finit. Les uns, fussent-ils des vieillards, vivent déjà dans l'avenir ; les autres, fussent-ils des enfants, sont déjà ensevelis dans la tombe du passé.

II.

En effet, vous ne vivez déjà plus dans l'humanité et depuis longtemps vous êtes séparés de Dieu, vous qui, malgré les terribles leçons de l'histoire, regrettez encore les siècles d'ignorance, de discorde et de tyrannie. Le temps qui commence, sachez-le, n'a rien de commun avec le temps qui finit. La doctrine qu'on élabore, la vérité qu'on va propager, comme le soleil qui se lève, planera sur le monde pour le pénétrer de ses rayons d'amour et le vivifier de son immense clarté. Autrefois, c'était l'expiation, maintenant ce sera la régénérescence ; autrefois l'abaissement, maintenant la réhabilitation : écoutez une voix de la France :

Aide-toi, le ciel t'aidera.

Ecoutez une voix de l'Allemagne :

« *Que l'homme soit l'homme, et Dieu sera Dieu.* »

Or, l'homme n'est plus homme lorsque, faussant sa destinée naturelle, il est pour son semblable un tyran ou un esclave, un bourreau, ou une victime.

Il n'est plus homme, lorsque, regorgeant du superflu, il refuse à celui qui, par son travail, produit l'abondance, son plus simple nécessaire.

Il n'est plus homme lorsque, né pour la liberté, il accepte avec résignation et sans honte un régime de servitude.

Et, par cette raison, puisque depuis longtemps la terre est un champ de carnage où les ossements humains embarrassent encore le soc du laboureur, Dieu pour nous n'est plus Dieu.

En vain, oppresseurs, pour légitimer vos iniquités, invoquez vous la justice divine. Il n'y a pas de Dieu pour les oppresseurs.

En vain, opprimés, pour obtenir un soulagement à vos maux, implorez-vous dans vos prières la protection céleste; il n'y a pas de Dieu pour ceux qui subissent lâchement l'oppression.

En vain le peuple, dans sa juste colère, chasse-t-il les rois et change-t-il sa constitution politique, si à la place d'un trône souillé de crimes, nous n'élevons un autel à la Fraternité sociale, Dieu ne sera pas avec nous.

Il n'y a de Dieu que pour des hommes égaux et libres qui, vivant en frères, se régénèrent par l'amour et se perfectionnent par la science.

Ne nous trompons donc pas : la vie que nous avons connue jusqu'à ce jour n'est pas celle que nous devons accomplir ici bas. Un autre but nous était indiqué, une autre existence nous était promise : existence de bonheur et de fraternité, existence possible encore et réalisable. Qui le nierait ? Est-ce que nos aspirations incessantes vers le bien ne le prouvent pas ? est-ce que nos espérances toujours renaissantes, quoique toujours déçues, ne le disent pas assez ? Que nous manque-t-il ? Une lumière au milieu de ces ténèbres, des idées au lieu de bayonnettes, une science de la vie, la science sociale. Vienne donc un rayon régénérateur, viennent les enseignements du vrai socialisme, et l'homme, reconnaissant son chemin, sortira du bourbier infect où jusqu'à ce jour s'est meurtri son corps, s'est flétrie son âme; et, entrant ainsi dans une voie conforme à sa nature, il deviendra meilleur à mesure qu'il sera plus heureux.

III.

Le socialisme est encore pour ainsi dire à l'état de naissance, à peine s'il date de quelques années, et déjà il est tout-puissant. Mais déjà aussi, le vieux monde, effrayé de ses progrès, fait alliance contre lui, l'attaquant par la calomnie, le menaçant dans ses apôtres et appelant à son aide la persécution.

C'est un chrétien, disait-on autrefois en parlant d'un homme au front duquel on voulait attacher un signe d'infamie.

C'est un socialiste, dit-on maintenant d'un démocrate qu'on veut flétrir aux yeux de ses concitoyens.

Or, par la suite des temps, le titre de chrétien, malgré ses détracteurs, est devenu un titre d'honneur, de même en sera-t-il très-prochainement de la qualification de socialiste.

Que veut en effet le socialiste, sinon dégager le christianisme de son obscur symbole, l'introduire dans la législation des peuples, en faire une réalité sociale?

Jusqu'à ce jour le christianisme, incompris par ceux-là mêmes qui s'étaient donné pour mission de l'enseigner, n'a été qu'un mythe, un sentiment, une religion; que ce mythe ait une réalité, que ce sentiment devienne une loi et cette religion une science.

Afin que l'homme ne demande plus en vain à Dieu son pain quotidien.

Afin que sur cette terre si longtemps arrosée de larmes et souillée de sang, les enfants d'une même patrie, les fils d'un même Dieu, vivent heureux en se traitant en frères.

Afin que le sentiment de famille, contrarié aujourd'hui, comprimé et presque étouffé par les intérêts matériels qui mettent sans cesse en lutte le père et le fils, le mari et la femme, le frère et le frère, se dégage de ses entraves, se fortifie sans cesse pour devenir un sentiment d'amour véritable

Afin que l'enfant qui naît puisse saluer sa mère avec joie.

Afin que le vieillard puisse, au bord de la tombe, jeter sur ses fils un dernier regard de consolation et d'espérance.

Afin que, la société pourvoyant aux besoins de tous ses membres, la jeune fille du peuple, née pour devenir une chaste et vertueuse épouse, ne soit plus obligée de s'adonner à la prostitution pour soutenir dans leur vieillesse son père et sa mère.

Voilà ce que veut le socialiste et voilà ce qu'il s'efforcera de réaliser.

Salut donc à vous, apôtres de la régénération sociale, que le Dieu de la démocratie et de la fraternité seconde vos efforts et vous soutienne dans vos épreuves !

IV.

Mais à côté du Socialisme, principe d'amour, doctrine d'équité, science du bonheur, nous trouvons un fait inique et odieux, ayant sa racine dans le temps, se fondant sur une erreur séculaire et se traduisant aujourd'hui par cette formule sauvage, *chacun chez soi, chacun pour soi.*

Ce fait érigé en système s'appelle *individualisme.*

Système de haine et de lutte, régime d'oppression et de souffrances, l'individualisme est au point de vue social, ce que le paganisme était au point de vue religieux : un fait négatif de tout ce qui, selon la loi de Dieu et la conscience de l'homme, est vrai, bon et juste ; c'est l'athéisme en pratique, c'est le matérialisme en législation.

Sous le régime individualitaire, le mal est dans la famille, dans la cité, dans la nation, dans l'humanité ; il est partout.

Dans la famille d'abord, parce que la femme, quoique née l'égale de l'homme, est par lui légalement traitée comme une esclave et souvent comme une simple propriété. Ensuite, parce que les enfants naturellement destinés à exercer dans la société des fonctions d'hommes libres, sont par une éducation vicieuse préparés dès leur plus tendre âge, les uns au vil et odieux métier d'oppresseurs, les autres à la triste et honteuse condition d'opprimés.

Dans la cité, parce que, entre les familles dont la cité se compose, existe un état permanent de haine, de division et de lutte dont la cessation n'est possible que par une réforme sagement progressive des institutions sociales et autres.

Dans la nation, parce que le même vice de législation ou la même opposition d'intérêts qui tient constamment aux prises deux ou plusieurs familles, engendre aussi souvent la haine, la division et la lutte entre les cités.

Enfin, dans l'humanité, c'est-à-dire partout, car les rapports des nations entre elles ne sont guère plus empreints de l'esprit de paix et de fraternité, que les rapports de cités à cités, de familles à familles, d'individus à individus. Oui, partout règnent les mêmes désordres, les mêmes divisions, la même guerre : guerre de ruse et de force, guerre à mort. Vous respirez comme une odeur de cadavre, vous êtes comme étourdis par un bruit de chaînes, comme épouvantés par un râlement d'agonie: la terre, destinée à ne porter que des hommes vertueux et libres, vous offre l'aspect d'un vaste bagne, où chaque jour est marqué par de nouvelles iniquités ou souillé par de nouveaux supplices, vous voudriez en quelque lieu reposer votre regard, trouver un peu de paix, un peu de justice, un peu de bonheur ; c'est en vain. Partout où vous cherchez un temple de miséricorde, vous rencontrez l'autel du sacrifice.

Oui, je le répète, sous le régime individualitaire, le mal est partout, parce que partout il y a division et antagonisme, parce que la société ne garantit l'existence d'aucun de ses membres. Que dis-je? La société n'existe que de nom, ou du moins telle qu'elle existe, elle semble plutôt un état contre nature qu'un état normal. Est-ce une société celle où l'homme, pour ne pas mourir de faim, est obligé d'affamer ses semblables, où pour n'être pas opprimé il est réduit à la triste nécessité de devenir l'oppresseur de ses concitoyens? Est-ce une société celle où le vétérant du travail meurt de misère et de froid au bord du fossé, sans recevoir un regard de compassion du pharisien qui passe? Qu'on le dise. N'est-ce pas l'anarchie organisée? n'est-ce pas le brigandage légal?

Libre après cela aux conservateurs de cet état de choses de nous accuser d'incapacité ; mais qu'ils ne nous accusent pas d'avoir des sentiments plus inhumains, des intentions plus subversives ; ce serait impossible.

L'individualisme, qu'on le sache bien, c'est la législation du désordre, c'est l'organisation du mal, c'est la réglementation de la souffrance.

Rien, sous ce régime, rien ne se conserve à l'état de nature : tout se flétrit, tout jusqu'au sentiment de famille; le fils en vue d'une succession désire la mort du père, le frère dispute au frère l'héritage paternel, et chose plus odieuse encore! la mère refuse d'allaiter son enfant. Pas même ne respecte-t-on la famille dans les morts : au pauvre, la fosse commune; il n'en restera aucune trace, tant pis pour le mari qui regrette sa femme, et tant pis pour le fils qui a aimé son père. Le législateur ne s'occupe pas de ces sentiments ; il reste indifférent devant toutes ces misères.

Et c'est nous, socialistes, qu'on accuse de vouloir l'abolition de la famille! Mais c'est vous, défenseurs de l'individualisme, vous qui l'avez abolie autant qu'on pouvait l'abolir, et c'est nous au contraire qui voulons la reconstituer sur ses bases naturelles et légitimes.

V.

Le socialisme réalisé au point de vue démocratique : voilà le vrai, le seul moyen de salut.

Peuple qui aime, peuple qui souffre, riches et pauvres, gouvernants et gouvernés, vous tous qui aspirez à un état meilleur, ne rejetez pas le socialisme si vous ne voulez renoncer à toute espérance.

Son principe, c'est l'amour ; sa doctrine, la solidarité ; son but, le bonheur.

C'est par lui que s'accomplira notre destinée naturelle; c'est par lui que nous recevrons la double nourriture de l'âme et du corps et que nous vivrons de la véritable vie.

Car vivre, ce n'est pas seulement jouir du bien-être matériel, c'est aimer aussi, c'est croire, c'est connaître.

Ne vit pas qui hait,
Ne vit pas qui doute,
Ne vit pas qui ignore.

Pas plus que ne vit la plante qui n'a plus de racine, ou le poisson qui n'est pas dans son élément, ou le malheureux qui tombe d'inanition.

Or, tels que je vous vois, tels que nous sommes, tournant sans cesse dans une sphère qui n'est pas la nôtre, nous n'avons encore ni vérité pour l'intelligence, ni fraternité dans le cœur et très-souvent nous manquons de pain. Partant, point de vie naturelle.

Aveugles que nous étions, c'est que nous avons cherché la vie où elle n'est pas, où elle ne peut pas être : dans l'antagonisme des intérêts, dans l'opposition des forces sociales, dans le culte de l'individualisme, dont il ne peut résulter qu'une souffrance perpétuelle, une incessante agonie ; et, je le répète, la souffrance n'est pas la vie.

Comprenez donc enfin ceci :

La première condition du bonheur de l'homme, c'est le bonheur de son semblable.

Aucun individu ne peut être heureux seul.

Il n'y a pas plusieurs moyens d'être heureux, il n'y en a qu'un, le bonheur de chacun réalisé par le bonheur de tous.

Sans bonheur collectif, point de bonheur individuel.

Jamais le bonheur d'un homme n'a été possible par le malheur d'un autre homme.

Jamais le mal que vous faites à autrui ne peut être un bien pour vous.

Partant, le vrai législateur c'est celui qui comprenant la loi de solidarité mutuelle, organise la société de telle sorte que tous ces éléments convergent fraternellement vers un même but, et que chaque individu, pour satisfaire ses intérêts propres, travaille de tous ses vœux, de tous ses efforts, à la satisfaction des intérêts d'autrui.

C'est encore celui qui, parfaitement initié à la science de la vie, concilie, dans la pratique sociale, le droit avec le devoir, le bonheur avec la vertu et la liberté avec l'ordre.

Car, dit l'expérience des siècles, dans une société où les droits sont pour les uns et les devoirs pour les autres, le bonheur est une chimère et la justice un vain mot.

Car, dit encore l'expérience, toute disposition législative qui n'a pas pour but d'intéresser l'homme au bonheur de son semblable, est anti-sociale en principe, odieuse dans l'application et cruelle par ses résultats.

En effet, selon le vrai principe social, ce n'est pas un obstacle, ce n'est pas un concurrent, c'est un concours que l'homme rencontre dans son semblable; c'est une force qui s'ajoute à sa force; c'est une continuation de son être, une extension de sa vie, une conformité d'intérêts.

VI.

Pour que désormais nous restions sans espoir, des hommes sont venus, prédicateurs de mensonges, se disant disciples du Christ, qui nous ont fait du malheur une loi, de la souffrance un devoir et de la résignation un vertu ; ne les écoutez pas, le temps les a jugés.

Mais écoutez le génie du socialisme, qui dit aux nations :

Aussi brillants que sont les astres du firmament, aussi pure est la doctrine que j'enseigne.

Relevez vos fronts, ô nations déshéritées, il n'est plus temps de gémir aux pieds de la croix, il n'est plus temps de se prosterner devant tel ou tel trône impérial ou royal, je viens déchirer le voile ténébreux dont les prophètes de malheurs ont toujours obscurci votre intelligence. Voici un rayon d'espoir, voici une parole de vie. Regardez, vous qui avez des yeux ; entendez, vous qui avez des oreilles.

Ce n'est pas, sachez-le, ce n'est pas par le jeûne ou la pénitence que peut s'opérer le salut du monde, c'est par l'introduction du christianisme dans le gouvernement social, c'est d'abord par l'abolition de cette loi satanique qui depuis des siècles laisse le pauvre Lazare mourir de faim à la porte du Pharisien.

Car la même loi qui nous ordonne la fraternité, nous ordonne aussi le bonheur.

Car le bonheur n'est pas seulement un droit, il est aussi un devoir.

Etre malheureux, c'est être coupable de désobéissance à cette loi divine qui nous ordonne le salut de chacun par le salut de tous.

Qu'ils se taisent, les apôtres du désespoir ; qu'ils se taisent, les théoriciens de la nécessité du mal ; qu'ils se pénètrent enfin de cette vérité incontestable, éternelle : Le mal n'est pas un principe, il n'est que la négation du principe du bien.

VII.

Le génie du Socialisme dit aux ministres des religions :
Vous êtes la voix du passé, je suis la voix de l'avenir.

De même qu'au nom du Christ, vous avez vaincu le paganisme religieux, de même, au nom du Christ, je viens combattre le paganisme social.

Vous n'avez eu que le sentiment du bien, je vous en apporte la science.

Sous votre règne il n'y a eu de chrétiens qu'aux pieds des autels ; quand arrivera le règne du Socialisme, il y aura des chréiens partout, des frères partout, hors du temple comme dans le temple.

Vous n'avez prêté la main qu'aux riches et aux puissants ; je viens prêter la main à tous, aux faibles comme aux forts, aux pauvres comme aux riches.

Vous ne déclarez le bonheur possible que dans un autre monde ; je le déclare aussi possible ici-bas.

Vous faites à l'homme un devoir de la souffrance; je lui fais un devoir du bien-être.

Vous lui recommandez une aveugle obéissance, je lui recommande la dignité.

Vous lui dites : Ne fais pas à autrui ce que tu ne voudrais pas qu'il te fût fait ; et je lui dis : Ce que tu fais à autrui, tu le fais à toi-même.

Vous lui prescrivez, au nom de l'Evangile, de demander à Dieu son pain quotidien ; et je veux que cette prière, restée stérile depuis dix-huit siècles, s'accomplisse enfin par l'organisation du christianisme en gouvernement social.

Vous l'isolez par ses intérêts, vous le séparez de ses semblables pour le rapprocher de Dieu, et je vous dis que, s'il n'est uni par ses intérêts et sa vie aux intérêts et à la vie de l'humanité, il restera désormais éloigné de Dieu.

Car Dieu ne se communique à l'homme que par l'intermédiaire de ses semblables, à chacun que par tous.

Car Dieu n'est pas le Dieu des hommes considérés individuellement, il est le Dieu de tous les hommes considérés collectivement, unitairement.

Car l'homme a sa racine dans l'humanité, et ce n'est que par l'humanité qu'il a sa racine en Dieu.

Ne prier que pour soi, c'est donc prier en vain ; Dieu ne répond pas à l'homme qui ne l'appelle pas par la voix de son frère.

Le pain de la fraternité sociale, voilà le pain de vie.

VIII.

Le génie du socialisme dit au politique démocrate :

Un même sentiment nous dirige, un même but doit nous unir. Tu ne peux être fort que par ma force, savant que par ma science.

Sans moi, quoi que tu fasses, tu seras impuissant à faire le bien ; sans moi l'enfant manque d'espérance, la veuve de protection, le vieillard de soutien et le travailleur de bien-être.

Sans moi qui ai sondé toutes les plaies, cherché tous les remèdes, tu promettras vainement aux déshérités de ce monde, un avenir meilleur, une vie plus digne, une rétribution plus équitable ; tu ne seras, ô démocrate, que le continuateur des iniquités et des maux qui ont affligé les sociétés monarchiques.

Sans moi qui seul peux unir tous les cœurs, sécher toutes les larmes, la division règnera dans la famille, la discorde dans la cité, le désordre dans la nation et l'iniquité dans les lois.

Car moi que tu renies, moi que tu repousses ! Je suis la pensée qui organise, le cœur qui aime, la conscience qui croit et la force qui exécute.

Viens à moi si tu ne veux pas que le peuple maudisse ton nom et abhorre la République, viens à moi si tu crois que le soleil se lève pour le travailleur comme pour l'oisif, pour le juste comme pour le méchant : viens à moi si tu es sincèrement démocrate, si tu ne veux pas trahir la révolution, car la démocratie doit régner non-seulement en politique, mais aussi en socialisme ; car la politique n'est que le moyen dont la réforme sociale doit être le terme.

Il lui dit encore :

Lorsque le peuple au nom de la République a brisé un trône et chassé un roi, il avait un double but, l'un politique, l'autre social. De là pour la démocratie une double mission : celle d'affranchir l'homme de la tyrannie de l'état en faisant de tous les hommes des citoyens par le suffrage universel ; et celle d'affranchir le citoyen du despotisme du citoyen en les rendant tous frères par la solidarité des intérêts.

Le premier but est atteint, mais le second ne l'est pas ; l'homme a sa liberté politique, il n'a pas sa liberté sociale.

Il y a des citoyens, il n'y a pas de frères. Les intérêts étant divisés, chacun agit pour soi, chacun agit contre tous et tandis que ceux qui ne travaillent pas, qui ne produisent rien, ont toutes les jouissances, le producteur, l'homme qui arrose la terre de la sueur de son front, manque du nécessaire et ne recueille que le mépris. De là une lutte incessante entre le riche et le pauvre, entre le maître et l'ouvrier, entre le capitaliste et le producteur. De là l'oppression de chacun par tous, de tous par chacun. De là l'esclavage social. Partant point de fraternité !

Et c'est la fraternité que je veux, c'est la fraternité que je t'annonce au nom du socialisme.

Quoi à tes yeux, l'œuvre serait complète, tout serait fait, il n'y aurait plus rien à faire parce que, à la place d'un roi qui agiotait, il y a un président qui s'amuse ! Quoi, après avoir combattu avec tant d'ardeur le privilége et le favoritisme, tu bornerais tes réformes à un changement de nom et de personne ; tu voudrais une République aristocratique comme il y avait une royauté aristocratique, où tout serait encore pour les uns, où rien ne serait encore pour les autres.

Honte à toi si tes intentions n'étaient pas plus pures ! Honte à toi si tes convictions n'étaient pas plus fermes ! Honte ! ! !

Qu'importe donc à l'ouvrier d'être électeur, d'être éligible, de faire partie du jury et de la garde nationale ? Que lui importent tous ces titres, s'il manque de travail et de pain, ou si pour en avoir, il est obligé de renoncer à sa liberté, de se livrer sans merci aux caprices ambitieux et despotiques d'un maître ? Que lui importent des droits purement politiques ? Il lui faut plus, il faut des droits sociaux, il faut le droit au travail, la garantie des moyens d'existence par un régime d'égalité, il le faut !

Or l'égalité, ce n'est pas le partage des biens, c'est l'abolition du morcellement ; ce n'est pas l'antagonisme des forces sociales, c'est leur accord ; ce n'est pas le nivellement des intérêts, c'est leur association ; ce n'est pas l'exploitation de l'homme par l'homme, c'est la rétribution de chacun selon ses besoins.

Tels sont mes principes, tels doivent être les tiens : il ne s'agit pas d'abaisser les uns pour élever les autres, d'appauvrir le riche pour enrichir le pauvre ; il s'agit de proscrire la misère et de créer la prospérité sociale, en intéressant par une législation vraiment démocratique, l'homme à faire désormais le bien comme il a depuis longtemps été intéressé à faire le mal.

Afin que, conformément à la vraie formule du socialisme, chaque citoyen se développe selon son aptitude, produise selon ses moyens, et consomme selon ses besoins.

IX.

Le génie du socialisme dit au philosophe :

A tes cris incessamment répétés, division et malheur, je ne cesserai de répondre : union et bien-être.

Autrefois, courtisan des rois, tu perpétuais leur règne, tu fortifiais leur despotisme, en propageant partout, l'appuyant de ton autorité, cette formule mensongère d'Aristote : « Les uns naissent libres, les autres esclaves ; ceux-là pour commander, ceux-ci pour obéir. »

Maintenant que le temps a fait justice de cette erreur et que les rois s'en vont, chassés sans espoir de retour, tu te fais avec la même servilité, le dévoué champion d'une classe de privilégiés, seigneurie bourgeoise, noblesse de finance, non moins orgueilleuse, non moins despote que la noblesse de robe ou d'épée, et tu dis : « Les hommes naissent égaux, il est vrai, et libres, mais sans lien commun pour les unir, sans sympathie pour leurs semblables. La nature, en les créant avec des aptitudes différentes, a fait de chacun un individu isolé, qui ne vit qu'en soi, n'agit que pour soi, n'ayant d'autre mobile que l'égoïsme, d'autre but que la satisfaction de ses intérêts propres. » Voilà ton système, voilà ta doctrine.

Doctrine mensongère! Système fatal! Ne le vois-tu pas? n'en as-tu pas horreur? N'est-ce pas au nom de cette philosophie païenne, matérialiste et athée, que les disciples de Malthus veulent pour désormais exclure et repousser du banquet de la société ceux qui, par leur nature, se croient dignes d'y prendre place?

N'est-ce pas encore au nom de cette même philosophie que les législateurs modernes, à l'exemple des anciens, accordent tout aux uns, refusent tout aux autres, et par cet antagonisme d'intérêts, mettent aux prises tous les individus? Comme s'il était vrai que la prospérité de quelques-uns exigeât la ruine de tous! comme s'il était vrai que naturellement entre l'homme et son semblable, il n'y eût rien de commun, ni collectivité, ni solidarité!

Il lui dit encore :

De même que le génie politique a fait justice de la formule d'Aristote, de même, génie du socialisme, je vaincrai ta funeste doctrine. Ecoute :

Il y a des individualités distinctes, ayant des caractères divers, des aptitudes différentes, mais il n'y a pas d'individus isolés : un même lien les unit, et, si chacun vit en soi et pour soi, il vit en tous aussi et pour tous.

Ce lien d'union est double : c'est le sentiment, c'est l'intelligence.

Par le sentiment, aucune limite n'existe entre l'homme et l'homme, aucune distance ne peut les séparer, celui-ci vit en ses semblables par l'amour, celui-là souffre en eux par la haine ; l'un fût-il plongé dans un cachot, l'autre vécût-il au fond d'un bois, ils ne sont jamais seuls, leur sentiment quel qu'il soit, sympathie ou antipathie, *amour* ou *haine*, les tient inséparablement unis à l'humanité.

Autant et plus te dirai-je de l'intelligence, l'homme en tant qu'être intelligent est toujours en rapport avec ses semblables. Il l'est par la pensée, pensée de regrets ou d'espérance, de quiétude ou de remords, peu importe ; intellectuellement parlant, il n'est jamais seul, pas même est-il limité au point de vue du temps et de l'espace : par le souvenir, il vit dans ceux qui ne sont plus, comme par l'induction, il vit dans ceux qui ne sont pas encore ; et, au-delà du soleil qu'il voit des yeux du corps, sa raison découvre d'autres soleils dont l'existence ne lui paraît pas moins certaine ; en un mot, l'homme par son intelligence est un être universel.

Restent les distances physiques, les limites matérielles ; mais encore à ce point de vue, il y a communion entre l'homme et son semblable ? communion par le même air qu'ils respirent, par le même soleil qui les éclaire, et par la même terre qui pour tous porte ses fruits.

Qu'importe au surplus que l'homme soit un individu isolé par le corps, s'il est un être collectif par le sentiment et un être universel par l'intelligence. Le corps n'est pas la vie, il n'en est que la manifestation ou la forme ; la vie véritable, ce qui la constitue, c'est l'âme, c'est le sentiment, c'est l'intelligence, forces motrices et directrices du corps.

Donc elle est matérialiste, la philosophie qui fait de l'homme un être isolé, un moi individuel. Donc aussi toute matérialiste est la législation qui, se fondant sur cette philosophie, isole l'homme par ses intérêts et le traite ainsi, comme si par sa nature il n'était qu'un corps, un individu abstrait, une limite pour son semblable.

Donc, pour conformer ce qui est inférieur à ce qui est supérieur, la matière à l'esprit, la constitution sociale doit avoir pour principe et pour but d'unir entre eux tous les citoyens par les intérêts matériels comme ils sont naturellement unis par leur vie intellectuelle et morale, afin que le pain de chaque frère soit le pain de tous les frères.

Ainsi le voulait le Christ. Qu'ainsi tu veuilles, ô philosophe !

X.

Le génie du socialisme dit au législateur :

Dieu avait établi entre l'homme et l'homme un lien indissoluble, afin que chacun vivant de la vie de tous, ne cherchât son bonheur qu'en travaillant au bonheur de tous ; et toi, législateur, égaré par les philosophes tu t'es efforcé de briser ce lien, ne voulant pas du bien-être collectif, tu as créé le malheur général, par la division des intérêts, par l'inégalité des conditions; et après avoir tout fait pour intéresser l'homme à n'agir que pour soi, à agir contre tous; après lui avoir ôté la liberté même de faire le bien, tu lui as dit : *sois le frère de l'homme.*

Amère dérision ! Quoi, de telles paroles après de tels actes ! comment les concilier ! comment réaliser ton commandement, lorsque tout en ordonnant la fraternité, tu organises le fratricide; lorsque d'un lien d'amour tu fais un lien de haine et que ta législation, rebelle à la loi divine, n'engendre dans la société que des divisions et des discordes.

Honnêtes ont pu être tes intentions, mais criminels sont tes actes, et si la voix des siècles excuse les unes, toujours elle condamnera les autres.

Moïse cependant t'avait mis sur les traces de la vérité, l'homme, dit-il dans son langage symbolique du péché originel, est solidaire de l'homme, un lien naturel l'unit indivisiblement à ses semblables, et par la faute d'un seul a été déterminé le malheur de tous.

Jésus-Christ, dans l'institution de sa communion symbolique est plus explicite encore. Puisque, dit-il, la chute de l'humanité a été collective, nous ne pouvons nous relever que collectivement chacun avec tous en nous donnant fraternellemet la main. Aucun de nous ne sortira de l'abime s'il veut y laisser ses semblables. Aucun de nous ne trouvera son salut dans la ruine d'autrui, nous ne nous sauverons que par le salut de tous.

Mais tu n'as pas compris Moïse, mais tu n'as pas compris le Christ.

Plus clair encore, plus affirmatif était Platon, successeur de Moïse, précurseur du Christ : « Le plus grand mal d'un état, dit-il ; c'est ce qui le divise et d'un seul en fait plusieurs, et son plus grand bien, au contraire, c'est ce qui en lie toutes les parties et le rend un (1). »

L'unité sociale, voilà la grande loi de l'humanité. Accomplir cette loi par la démocratie afin que tous les éléments sociaux convergent harmoniquement vers un même but, voilà le premier devoir du législateur.

Et c'est parce que, dominé par d'absurdes préjugés, tu as toujours méconnu ce devoir et faussé cette loi, que partout, dans l'état social actuel, l'homme est l'ennemi de l'homme.

C'est parce que toujours partisan de l'individualisme, tu n'as pas voulu de la collectivité du bien-être, que tu as organisé la collectivité de souffrances.

Comprends donc enfin ceci:

(1) République, liv. v.

Il n'y a pas de bonheur exclusivement individuel. Il n'y a pas non plus de malheur exclusivement individuel. Il y a par nature entre l'homme et son semblable, une solidarité si intime, si étroite que nous serons toujours ou collectivement heureux ou collectivement malheureux, heureux par l'organisation de la loi d'unité, malheureux par la transgression de cette loi.

Le génie du socialisme dit encore au législateur:

Ma doctrine a pour base cette maxime éternellement vraie des anciens sages : *mens agitat molem*, l'esprit domine la matière.

C'est l'esprit, force intelligente, organisatrice et directrice, qui possède ; c'est la matière, force aveugle qui subit la possession.

En d'autres termes :

C'est l'esprit qui, en principe, est le propriétaire; c'est la matière qui, en principe, est la propriété.

Or, dit saint Paul, l'esprit ne se divise pas, ne se morcelle pas, il n'y a pas plusieurs esprits, il n'y en a qu'un, l'esprit de l'humanité, qui unit chaque homme à tous les hommes.

Donc, en principe, il n'y a pas plusieurs propriétaires, il n'y en a qu'un : le propriétaire collectif qui est le genre humain.

Donc aussi, comme conséquence, il ne doit y avoir qu'une propriété, la propriété collective.

En effet, si par l'esprit, principe intelligent qui constitue le droit de possession les hommes sont naturellement unis, indivisibles, inséparables, pourquoi les sépare-t-on par la chose possédée?

Si on ne peut emprisonner l'intelligence de l'homme dans un carré de terrain, pourquoi borne-t-on là son droit de possession ; et si, en principe, chacun possède collectivement avec tous, ne doivent-ils pas aussi, chacun et tous, collectivement produire et récolter?

Quoi, le droit de propriété individuelle doit être exclusif, lorsqu'il n'y a pas en principe, un propriétaire exclusivement individuel! Y a-t-il une plus folle inconséquence?

Voici la vérité :

L'homme est propriétaire de droit, parce que, être intelligent et moral, il est naturellement doué de la faculté de possession; or, comme sous le rapport intellectuel et moral il n'est pas une limite pour son semblable, il ne doit pas non plus être limité par la propriété.

Tel est le droit de propriété considéré au point de vue théorique et absolu. Reste le point de vue pratique ou la question d'application, plus difficile à résoudre et que je traiterai dans un prochain écrit.

En attendant, citoyen lecteur, n'oublions pas ces terribles paroles d'un poëte israélite : *væ soli*, malheur à qui est seul!

Oui, malheur à qui est seul! c'est la vérité de tous les temps et c'est pour l'avoir toujours méconnue, c'est pour avoir par l'antagonisme des intérêts, brisé tous les liens de fraternité sociale que le malheur est partout.

Donc malheur à nous qui, nés sociables, vivons et agissons dans l'isolement, d'une manière exclusivement individuelle, comme si aucun de nous n'avait quelque chose de commun avec ses semblables!

Malheur à nous tant que, dans la constitution sociale, nous ne remplacerons pas cette formule sauvage, « chacun chez soi, chacun pour soi, » par cette formule vraiment sainte, *chacun pour tous, tous pour chacun!*

Malheur à nous qui, au lieu de trouver dans la société une mère, et dans chaque citoyen un frère, rencontrons à chaque pas une limite, une borne où, selon une loi individualitaire et antisociale, doivent s'arrêter tous nos vœux, se briser toutes nos affections et se terminer toutes nos espérances.

L'individualisme, ne l'oubliez pas, n'est que la solidarité du mal : par le règne du socialisme, seulement par lui, nous aurons la solidarité du bien.

Voilà le but, restent les moyens de l'atteindre, nous savons que ce n'est pas immédiatement et d'une manière violente que peut s'opérer une réforme de cette nature, la doctrine sociale, avant de se traduire en fait de législation, a besoin de se développer et de mûrir dans l'esprit des masses. Mais c'est ce développement qu'il faut hâter par une propagande active et intelligente, et c'est à cette mission d'apostolat que nous appelons tous les hommes de cœur et de dévouement.

Salut et Fraternité.

www.ingramcontent.com/pod-product-compliance
Lightning Source LLC
Chambersburg PA
CBHW060724050426
42451CB00010B/1614